图说中国物质文化遗产

中国最美

第四辑

寺观壁画

清

杨平 主编

长江出版传媒
湖北美术出版社

序

刘醒龙

有句话说得格外形象传神：在山西，值得深挖的除了煤矿，还有历史沉淀下来的壁画和彩塑。

只要到山西，任何时候都能在一条国道、省道上遇见一眼望不到头的大型卡车长龙。那些承载能力超强的钢铁巨兽，甚至连县道和乡道也不放过，既不知已经拖走了多少史上著名的乌金，更不知高高大大的太行、吕梁两座大山，仍旧埋藏着多少让人趋之若鹜的黝黝煤炭。与声势浩大的前者完全相反，“养在深闺”当中的山西壁画和彩塑，即便赫赫有名，多数人对其也是知之甚少。比如：芮城永乐宫殿内的《朝元图》被誉为元代壁画艺术的最高典范，繁峙岩山寺的壁画被称为画在墙上的《清明上河图》，五台山佛光寺大殿佛座上的壁画为全国唯一现存唐代寺庙壁画，洪洞水神庙《大行散乐忠都秀在此作场》是全国唯一现存古代戏剧壁画，忻州九原岗《狩猎图》《升天图》墓葬壁画入围“2013 年度全国十大考古新发现”，晋祠圣母殿一大群彩塑堪称古代造型艺术极品，等等。三晋大地上，自唐至清，异彩纷呈的寺观壁画达 27259 平方米，彩塑 17000 多尊，不是专业人士，纵然能借得一双慧眼，仍旧像坐井观天，很难看透真容。

第一次见识山西壁画，是那一年同海峡两岸的一群作家到介休。在名叫后土庙的古刹里，几位工匠正在几处墙壁上忙碌，问起来，才知他们全都来自敦煌，虽然其貌不扬，但个个都是修复壁画的顶尖高手。高人出手，对应的肯定也不是等闲之物。那一次，只顾看修复工艺，没有太注意壁画本身。2018 年深秋，在河南省宝丰县城西北的训狐寺（龙兴寺）见到了半幅壁画，反而看了个够。说是寺庙，实际上已多年没有僧人往来，寺庙本身已与村舍融为一体，大殿半是客厅，禅房亦为厨房。关键是连村舍都被放弃了，世俗那一半已经坍塌，佛家那一半因有石柱横梁支撑而留存了下来，就在那一半的墙壁上现出吴道子亲绘的一幅壁画。断垣残壁之上，虽然烟火痕迹很浓，但仍然掩盖不住那艺术的光彩。

在介休后土庙那一次，其实就见过山西彩塑，但由于太过关注敦煌来的能工巧匠，反而忽略了它们。直到前两年到长治观音堂，一进殿门便大吃一惊。不由得记起 20 年前，在河北正定隆兴寺见到的五彩悬塑观音像，那尊架着二郎腿，右手自然地搭在左手上，面容恬静的菩萨，曾被鲁迅先生称为“东方维纳斯”。在长治，一座小小的观音堂，密密麻麻的彩塑菩萨像中，各式潇洒自如、无拘无束的塑像姿态美不胜收、数不胜数，那尊架二郎腿的菩萨，实在是普通得不能再普通了。鲁迅先生在 1942 年从西安由渭水入黄河而回北京的日记中写得很清楚：“八月八日，昙，午抵潼关，买酱莴苣十斤，泉一元。午后复进，夜泊阌乡。”“八月九日，晴，逆风，午抵函谷关略泊……”这是他平生唯一一次歇脚于山西土地，严格地说，如此匆匆连一瞥都算不上，否则，那“东方维纳斯”的美名就有可能留在山西了。

关于壁画和彩塑，也是由于职业之便，这些年见过不少，包括在大西北的一些地方，进到某些出于保护目的，只有研究者才有限准入的洞窟，看一看艺技之大美，叹一叹人世之沧桑。包括在山西亲眼所见的几处，全都被冠以“国宝”之称。相比其他类型的“国宝”，壁画与彩塑的文化属性非常直截了当，见着了，就能体会到。10 年前，曾在《大洪山半禅记》中写道：“世人皆有佛性，诸佛皆有人性。”无论哪里的壁画和彩塑，包括山西，画的是佛，说的是人，画的是人，说的是佛。那些居高的画像彩塑，面相和缓，眉目细长，鼻窄唇小。它们或立或坐或侧卧，或有所指，或有所思，平和端庄，慈祥安泰，令人景仰。若武当然雄姿英发，气贯斗牛；若文则披轻纱如天衣，清秀端庄，气度儒雅。座前驾后，不是莲花牡丹，就是梧桐杨柳，天上地下，若非祥云彩虹，便有黄鹿白鹤。画壁之上，高堂之内，从来容不得尖嘴猴腮之怪，也见不到鸡鸣狗盗之形。虽然不全是人生常态，也不太可能是生活的真相，但一定是千万年以来，对人生、对生活的朴素理想。

内蒙古阴山岩画，作为人类早期的岩画之一，在长达一万年左右的时间里，用互相连接的图像，把整座山脉变成一条东西长约三百公里的画廊。在文字还没有出现的岁月，人类用这种方法来表达情感、交流思想。毫无疑问，壁画先于文字出现在人类的历史长河当中。后来才出现的文字，虽然方便人的交流与表达，却比不了：多少年后，画还是画，看一眼就能醍醐灌顶；文字越是发展，越是繁复，反而造成诸多不便。天下的孩子，都曾经历过信手涂鸦的一段小小时光，虽然那不是真的壁画，但也不敢说那种涂鸦与壁画传统风马牛不相及。所以，将生物解剖与人体架构等物质性的因素暂且搁置不论，用直觉去相信，我们的基因中继续存有祖先的传统。假如远祖与高祖们在旷野之上凿石刻画，与未知世界进行文化交流的经历就包含在看不见的基因里，关于涂鸦的解释就说得过去了。

山西人民创造了许多五彩斑斓、千年不减光彩的壁画与彩塑。从唐宋到明清，诸神众煞，千家百业，包括打醋用煤，都有具体呈现。壁画和彩塑艺术，包括山西境内的，普遍都面临着“你等待我太久，然而我来得太迟”的现状，我们需要加快探索与保护的步伐，别让“太迟”造成遗憾，以保障壁画与彩塑艺术长存于世。

目录

一 历史沿革

中国的壁画艺术源远流长，迄今为止寺观壁画艺术保存最完整、最丰富、最精彩的省份当属山西。自隋唐以来，佛教学风『破斥南北，禅义均弘』，佛教本土化的趋向更加明显。北方在兴建佛教石窟的同时，也开始注重地面礼拜寺院的建造（早期礼拜更多在洞窟），寺观壁画也在此时开始全面进入山西地区。宋辽金时期，壁画艺术从晋南发展到晋北，到明清时期已遍布全省。

清代

清代是中国历史上最后一个封建王朝，壁画艺术水平整体呈现下降的趋势。清代文人画进一步发展盛行，壁画绘制彻底被视为非正统，一些优秀的画家退出了壁画的绘制，画师班子的规模变小，水平明显下降。壁画的绘制由新兴的民间画工（农民）行会组织承担，所以高水准、高质量的壁画很少。由于这一时期山西民间达官贵人的宗教崇拜意识远不如以前，民间的大型寺观兴建活动已基本停止，因此许多寺观壁画是在旧的寺观中进行补绘、重描以及重绘的。

清代寺观壁画的一个典型特点是寺院级别规模小，有些甚至是村级的寺庙，基本村村皆有，所以目前遗存数量是可观的。此时儒释道三教融合，令绘画题材丰富而有趣，更重要的是由于本土信仰的加入，使得壁画的题材更加世俗化。

二 题材与分布

清代很少建造新的大型寺院，一部分壁画为修补、重绘前朝壁画，因此保留了前朝的一些题材。同时，开始兴建许多小型甚至村级的寺观，几乎遍布山西全省各个村落。这些寺观的壁画题材更加符合村民的实用性需求，壁画中的宗教题材不再占主导地位，更多的是与生产生活相关的神祇。

题材

山西的清代寺观壁画虽然艺术水平不高，但是题材内容比以往任何时代都要丰富。除了一些传统的佛、菩萨、水陆法会等佛教题材，道教题材中的玉皇大帝、八仙也由民间画工绘制出来了。最重要的是与生产生活相关的一些题材成为主流，如祈雨、降雨、治水、求子、捉鬼、戏曲等，《三国演义》《西游记》的故事也相当普遍。一些边角处还出现了淡水墨的山水、花卉、百鸟、高士等文人画的内容。总之，清代的壁画题材涉及百姓生活的方方面面，更加贴近民间百姓的日常生活。

分布

在清代寺观越建越小、遍地开花的情况下，寺观壁画也呈现出同样的分散态势。山西的清代寺观壁画遗存十分丰富，较有代表性的分布在大同市平城区上华严寺，浑源县永安寺、律吕神祠、大云寺，广灵县水神堂，灵丘县觉山寺，以及临汾市霍州市娲皇庙，阳泉市盂县诸龙庙，忻州市五台县国都殿关帝庙等寺庙之中。其中，大同上华严寺大雄宝殿的壁画最为著名。

三 艺术风格

作为中国古代寺观壁画艺术的尾声，清代的作品遗存虽然数量庞大，分布广泛，但在艺术水平和单处篇幅规模上大不如前。因为大多出自民间画工之手，艺术风格上更加贴近民间美术，更加世俗化。总体来看，清代寺观壁画作品轻线条，重色彩；但内容堆砌繁复，用色过于艳丽，格调不高，少有高水平的艺术创新。中晚期后，西洋各类艺术传入，逐渐被运用到壁画创作当中，但因时代和创作水平的限制，此类作品大都显得杂糅生硬，并未留下太多有价值的作品。

清早期

晋源永宁寺念佛堂的《阿弥陀佛四十八愿》壁画，是明末清初壁画艺术风格转换的代表。此壁画不同于山西明代寺观壁画常见的重彩风格，更加强调笔墨情趣。全幅使用水墨山水，将人物、楼阁、草木等配置其中，并施以丹青；同时，水墨表现与风格无晚清颓废之风。

阿弥陀佛四十八愿（局部）
明末清初
太原市晋源区·永宁寺念佛堂

清中期

永安寺传法正宗殿的水陆画据考为清乾隆年间绘制，是清中期壁画的精品。壁画呈平行式构图，东西壁的成组神众，造型虽有明清时期程式化的倾向，但精细严整间不失活泼。北壁的《十明王像》，用笔豪放，细节繁杂，却层次清晰，别出心裁。整堂壁画在用色上浓郁绚丽，又辅以沥粉贴金技法，整体呈现出华彩富丽的效果，极具视觉冲击力。

十明王像（局部）
清代
大同市浑源县·永安寺传法正宗殿

清晚期

绘制于清光绪年间的觉山寺壁画，使用了大量的化学颜料，特别是蓝色，使这一时期的壁画有别于之前的以矿物质颜料绘制的壁画，呈现出一种独有的风格。

八洞神仙图（局部）
清代
大同市灵丘县·觉山寺

清代壁画中，汉传佛教寺院的壁画以大同上华严寺大雄宝殿的为佳。该壁画系光绪年间大同民间画工董安依据原有的画稿重绘，在题材、构图和内容上保留了元明时期壁画的特点。

祖师图与禅宗法衣传嗣图
清代
大同市平城区·上华严寺大雄宝殿

四 绘制工具与工艺流程

壁画一般由功德主出资聘请画师班子来创作。画师们先根据功德主的要求绘制白描『小样』，和功德主确认大致效果。小样的绘制要借鉴『稿本』。稿本可以简单理解为画师们的素材集。正是因为稿本的存在，我们可以在不同的壁画中看到相同的元素，并找到它们之间的联系。小样确定之后，将画面关键部位（头、手、重要器物等）制作成『粉本』。粉本是在纸上绘制的线描稿，和壁画成品等大，用来拷贝到墙面上。

“粉本”的使用方式

一种是将粉本上的线条扎孔，将其铺于墙面上，然后用白粉扑打扎孔处。取下粉本后，墙上出现白点，画师可依据白点勾线。另一种是将粉本背面沾上白色，将其铺于墙面上，用竹签等工具将稿线勾一遍。取下粉本后，墙上就会出现白线，再依据白线勾线起稿。

小样一般会留给寺观，而稿本和粉本则是画师们重要的创作资料，其丰富程度和精美程度是画师班子水平的主要体现形式之一。稿本和粉本也是新老画师们薪火相传的宝贵资料。或许是因为这种师承关系以及稿本、粉本的传承应用，我们在壁画中往往能看到前朝的元素，也能分析出不同地区、不同年代壁画中的内在联系。

稿本与粉本

地仗

壁画正式开始绘制的第一个步骤是制作“地仗”，即处理墙面以便作画。地仗处理的好坏直接影响壁画的保存效果。宋代的《营造法式》中就有关于制作地仗的记录。先用粗泥、竹篾、麻等材料做一层或几层基础，然后在其上用细沙泥、白沙、胶土等做表层，刷胶水后用白土（掺有轻胶水或豆腐浆的白垩土，又叫白土粉）再横竖各刷一遍。大多数的石窟及寺观壁画均采用类似的方法制作地仗，区别在于层数和使用的材料不同。墙体以土坯为好，可以防止墙面返碱破坏壁画，永乐宫壁画就绘于土坯墙体之上，且墙体中钉有竹钉。地仗处理得好，因此保存效果较好。如果是砖墙，最好先在墙缝中钉入麻穗，有助于地仗的附着。

勾线

粉本上墙之后，就进入起线稿（勾线）的步骤。中国古代壁画对线条的绘制水平要求极高，勾线的人通常是画师班子中的高手。长度惊人的线条，是元、明时期晋南壁画的一个特点，永乐宫壁画中有近 4 米的超长线条，且看似没有断笔。通过考据推测，古人画壁画用的是一种称为“捻子活”的特制毛笔，用木棍做笔杆（有说笔杆中空，便于持续给墨），笔头用猪鬃制作，使得勾出的超长线条粗细变化不大，刚劲有力。

上色与颜料

线稿起好后就可以开始上色，基本是使用平涂的技法。有时一个匠人只负责填一种颜色，他根据画师留在墙上的记号，将这种颜色全部涂完。

中国壁画采用的大多是矿物颜料和少量植物颜料，到了清朝末期也开始使用化学颜料。矿物颜料品种有朱砂、石绿、石青等，由带颜色的矿石磨成粉制成。矿石研磨的颗粒粗细不同，所制颜料的颜色也会有不同。通常矿石研磨得越细，颜料颜色越浅，也可通过加热等方法改变颜料的颜色。这样一来颜料的品类就变得丰富起来。颜料要加入水、胶（鹿胶、兔胶、桃胶等）、矾、蛋白液、桐油、漆等调和后才能附着在墙面上。多层的颜色叠加或是两种颜色变换叠加顺序，都会呈现不同的效果，这就是多层晕染。上色完成后，还需要画师在关键部位重新勾线，以突出画面的主体。

沥粉贴金

壁画创作中还有一种特殊的工艺——沥粉贴金。沥粉贴金是用白色的膏在壁面上画出线条，反复多次后线条会有一定厚度凸出墙面，这时在线条上刷上胶，再将薄如蝉翼的金箔贴上去，粘牢后将多余的金箔扫掉，只留下金色的线条。这种技法多用于展现人物的衣纹、铠甲、首饰或器物、家具、建筑等，使得壁画熠熠生辉。这种技法在隋唐时期就已经出现，高平开化寺壁画是使用沥粉贴金工艺的代表案例。

五 保护和传承

山西寺观壁画数量之多、延续之久、艺术之精，冠绝全国，但由于人为的原因，一些珍贵的壁画流失海外。据统计，现存的山西壁画有两万四千余平方米，而这些也出现了残缺、断裂、空鼓、酥碱、龟裂、起甲、颜料层脱落、表面污染等多种损坏，保存状况令人担忧，其中相当一部分险情严重，亟需进行抢救性保护。为了保护这些古代的艺术遗珍，政府机构、民间的学者们和时间赛跑，要赶在它们被毁坏之前把它们记录下来。

保护

1932 年至 1937 年，中国营造学社的学者们对中国大地上的古建筑进行了大量的勘探和调查，成为壁画保护的先行者。中华人民共和国成立后，山西重要的壁画遗存连同建筑先后被评为国家、省、市、县四级重点文物保护单位，使得山西的壁画得到了初步的保护。进入新千年后，政府和民间一起行动起来保护壁画。

保护的主要手段包括记录和修复，最终目的还是要传承。最早一批学者走遍山西临摹壁画，在照相技术得到发展后，以杨平老师为代表的一批学者开始有计划地拍摄山西壁画，希望把它们保存下来。近些年，随着超高清扫描技术的出现，山西省文物局与社会机构合作，针对重要的壁画也进行了超高清扫描，为山西壁画正式存档立照。

复制

而另一批学者将目光投向了流失海外的山西壁画，他们自费往返于欧洲、美国、加拿大的众多博物馆，拍摄流失海外的壁画。他们甚至通过各种渠道，获得对方博物馆的授权，对壁画进行复制。如江苏理工学院的王岩松老师带领他的团队用了十多年的时间复制了流失到海外博物馆的众多中国古代壁画。他说："流失海外的中国壁画我买不回来，那就画出来吧，让这份记忆能流传下去。"正是由于这一批批学者的努力，现在散布在各大博物馆的山西壁画大多找到了出处，一些碎片也得以相拼，这不得不说是不幸中的万幸。

修复

对于壁画的修复，山西省文物局专门成立了机构培训修复人员，近十年来针对山西各地的壁画按计划开展修复工作，如洪洞水神庙。2019 年 3 月 25 日，山西省彩塑壁画保护研究中心举行挂牌仪式。其主要职责任务调整为制定彩塑壁画保护新材料、新工艺、新技术标准规范；编制全省彩塑壁画保护修复方案；实施全省彩塑壁画的保护修复工程；培养彩塑壁画领域专业技术人才；建立全省彩塑壁画数字化信息平台；对全省古代建筑及其附属文物进行技术保护。由此，山西的壁画保护工作迎来了新的工作局面。

万世母仪图（局部）
清代
临汾市霍州市·娲皇庙正殿

✣娲皇庙

娲皇庙始建于明代，清同治四年（1865 年）重修，以正殿内的壁画而闻名。整组壁画位于正殿的东西山墙和圣母像两侧的墙面，以娲皇圣母“万世母仪”“开天立极”为主题，描绘了女娲娘娘接受朝贺和宴请各路神仙人物时宫廷内忙碌、热闹的宏大场景。据西壁题记载，壁画绘于乾隆二年（1737 年），是清代壁画中的上乘之作。壁画应用了佛教圆心辐射图式，以女娲娘娘为中心，山水亭台、回廊勾连相通，人物穿行其中，将建筑、景致与人物完美地结合在一起。

1. 女娲娘娘

此图为娲皇庙正殿东山墙壁画的局部，女娲娘娘是整幅壁画的视觉中心所在。娘娘侧身端坐于中庭的高背榻椅之上，接受朝贺。椅背顶侧饰双龙衔，大殿上有匾额“万世母仪”以示身份，身侧侍女群臣、斤前护法将军左右分列。

三皇（图 1）五帝（图 2），指古代传说中的帝王。人们将他们敬为神灵，以各种美丽的神话传说来宣扬他们的伟大功绩。

1 2

2. 三皇五帝

图 1、图 2 为正殿东山墙壁画的局部，位于壁画的底部。三皇和五帝前来朝贺，皆头戴冠冕，手持笏板，长袍随风扬起，在轻声交谈之中，缓步徐行。

开天立极图（局部）
清代
临汾市霍州市·娲皇庙正殿

1. 女娲娘娘

此图为娲皇庙正殿西山墙壁画的局部，位于壁画正中区域。女娲娘娘着凤冠霞帔，双手抚鬓似在整理仪容，准备宴请各路神仙、帝王。凤冠采用大面积贴金的手法，显得格外华丽。女娲娘娘身后有两名宫女持羽帚、宫扇侍立。大殿上有“开天立极”匾额，显示女娲娘娘的丰功伟绩。

開天立極
年直
月直
日直
時直

2. 护法神将

此图为正殿西山墙壁画的局部。图中的两位护法神将位于女娲宫殿前厅区域，他们分列左右，面相白净，均着袍衬铠，戴红缨头盔，肩披白巾，衣带飘逸。一神将持弓拿箭，一神将双手持箭，形象生动，身边各有一男官侍从。

3. 伏羲大帝

此图为正殿西山墙壁画的局部，位于壁画的左下角。图中可见六名侍从簇拥着头戴五梁冠、身着帝王服的伏羲大帝款步前行。身侧一名侍者手捧冠冕，前面两名侍者手中各持一灯。灯罩轻纱薄笼，隐约可见内部的灯托，绘制得极为精美。背后有执扇与华盖侍者随众而行。障扇和华盖属于皇帝的仪仗器物，既有纳凉消暑、蔽日障尘之功用，同时也能彰显帝王气质之威严。

4. 女官

此图为正殿西山墙壁画的局部，位于壁画的右侧中部。图中有众多书写表章的官员，有搦管疾书者，亦有整理卷轴者。人物皆面色白净，动态优雅，皆是头戴幞头，身着袍衫，这种装束是唐代男子的典型装扮。但细观壁画中人，凤眼柳眉、口若涂朱，显然是一群女官，而且均佩戴耳饰。唐代是在宫内使用女官最多的朝代，当时民间亦非常流行女子着男装，因此，壁画显然继承了唐宋粉本的样式。

5. 侍女

此图为正殿西山墙壁画的局部，位于壁画的右侧中部。图中有四位侍女正在准备祭祀用品，画面中心为长条供桌，桌上摆着石榴、花瓶等物。四名侍女身穿各色大袖袍裙，头戴珠花、凤鸟装饰，耳戴金环。画面左侧的侍女手持盘子，盘内有一座小鼎，她旁边的侍女正将一盘形似桃子的贡品摆上供桌中央，右侧的两名侍女，手持谷穗，正在端看。供桌前，还有一名红衣童子，手持插有莲花的宝瓶。

膳房备食图

清代

临汾市霍州市·娲皇庙正殿

此图画位于正殿正墙左侧。五名侍女穿梭于房间之内，准备着各类膳食，忙碌而又充满烟火气。菜品有鸡、猪和各类蔬菜，此外，面点也是必备的。

✤ 永安寺

永安寺始建于金代，后毁于火灾，元代曾大规模重建，由元初大书法家雪庵和尚题写"传法正宗之殿"匾额的正殿即为元代遗构。如今，殿内塑像已毁，壁画犹在，北壁为《十明王像》，东西两壁为《人神行进图》，据考均为明清作品。

水陆法会是佛教寺院为超度亡灵、普济水陆一切鬼神而举行的一种佛事活动。在北宋以降的北方地区，不同政权长期对峙，战事频繁，将士死伤累累，民众在夹缝中生存，饱受摧残。不少地区开始修建专门举行水陆法会、超度亡灵的殿宇或寺院，大同永安寺及其传法正宗殿即在这种背景下产生。

十明王像
清代
大同市浑源县·永安寺传法正宗殿

明王，佛教的护法神。此壁画中共有十尊明王，"一"字排开，均现忿怒相，形象高大诡怪，头发上竖，怒目圆睁，面部分别呈青、红、白、黑等色。明王手执法器，坐骑为各种神兽，项、臂、腕间皆佩饰物，身后帛带飞扬，头顶侧的圆光内绘有其本尊像。此十明王像，风格夸张，色彩饱满，笔力飞动遒劲，气势凌厉慑人。

1. 不动尊明王

不动尊明王为佛教密宗明王首座，坐骑为虎。“不动”乃指慈悲心坚固，无可撼动之意。此壁画中的不动尊明王，三头八臂，其中两手撕开忿怒状的明王面皮，露出大慈大悲的菩萨真容，说明明王怒目降魔只是手段，实则慈悲心肠还是为了救度众生。

2. 步掷明王

步掷明王乃普贤菩萨化身。此明王黑面黑发，额顶有三骷髅，六臂各持法器，左上手捻红色宝珠，右上手摇铃，胸前双手合十，左下手握玉环，右下手握斧钺，坐于白象坐骑之上。

3. 马首明王

马首明王乃观世音菩萨化身。此明王肤色靛蓝，三目圆睁，龇牙咧嘴，红发竖立，左上手持经卷，右上手捻莲花，右中手握利剑，脚踩风火轮，坐于青龙坐骑之上。

《人神行进图》分为两组画面，各自长约 18 米，分上中下三层。据统计共绘各类神、人、鬼、亡魂像 800 余躯。整幅画场面宏大，工整有序，色泽绚丽，人物刻画细致、形态各异。

壁画对饥殍、盗狱、枉罪、贫病等故事及形象的描绘，为我们了解当时的社会生活提供了宝贵资料。

人神行进图一（局部）
清代
大同市浑源县·永安寺传法正宗殿

此图为东壁局部。壁画上层为天界四方天王、七曜星君，中层为十二黄道、二十八星宿及北斗星君，下层为人间帝王后妃、忠臣烈士、三贞九烈、孝子贤孙、三教九流和各业百姓等。

人神行进图二（局部）

清代

大同市浑源县·永安寺传法正宗殿

此图为西壁局部。壁画上层为五岳圣帝、四海龙王及五湖百川、风雨雷电诸神，中层为灶神、后土、五道城隍、十殿阎君、地府百官，下层是十八层地狱司职鬼魅及各种屈死惨死的亡魂孤鬼。

永宁寺

永宁寺是一座小寺，规模不大，目前古建筑仅存念佛堂。念佛堂东西壁面各保存一铺壁画，近年来开始受到学界关注。此壁画由当时太原及太谷地区僧、俗二众出资供养，内容为完整的《阿弥陀佛四十八愿》。

《阿弥陀佛四十八愿》壁画，整体内容属连续性的经变故事画，以南宋王日休（1105—1173 年）校辑的《佛说大阿弥陀经》的四十八愿为蓝本绘制，画面风格强调笔墨情趣，用水墨画的手法将人物、楼阁、草木等绘于山水之中，并施以丹青。东西壁皆呈“凸”字形，高约 4.2 米，宽约 5 米，每壁绘制 24 个场景，分为 4 层，每层 6 景故事，大体上由下而上依次排序。

阿弥陀佛四十八愿（局部）
明末清初
太原市晋源区·永宁寺念佛堂

第一愿：永绝轮回愿

一栋三间的建筑门额上是“得大自在”的匾，屋顶祥云中的阿弥陀佛坐于莲花之上，表示诸佛菩萨无所拘束，无所障碍，故得大自在。屋内有一妇女卧于床榻之上，前廊的仕女正在给婴孩洗沐，由此可见屋内的妇人刚刚分娩，象征着六道轮回之苦。

《佛说大阿弥陀经》：“第一愿，我作佛时，我刹中无地狱、饿鬼、禽畜，以至蜎飞蠕动之类。不得是愿终不作佛。”

第二愿：莲花化生愿

阿弥陀佛端坐在莲花上，其下方右侧有一佛，左侧有两尊佛。诸佛下方是一位站立于祥云之上的居士，仰首向佛，恭敬合掌，以此表示居士正接收佛的指引前往西方。画面下方是六角宝池，池中开出三朵莲花，每朵花上均坐一个化生童子，表示往生极乐佛国的众生皆由莲花所化，清净无染。

《佛说大阿弥陀经》：“第二愿，我作佛时，我刹中无妇女，无央数世界诸天人民，以至蜎飞蠕动之类。来生我刹者，皆于七宝水池莲华中化生。不得是愿终不作佛。”

第二十八愿：昼夜念生愿

一舟行于滔滔江水上，险遇水难，三个船夫努力撑篙，一个船夫拉紧绳索掌控着帆的方向。船篷内三位比丘，一位左手依凭帆杆，右手指向船夫，告诫他们遇水难时恭敬念佛则可脱险，船篷另两名比丘则恭敬合十念佛。

《佛说大阿弥陀经》："第二十八愿，我作佛时，十方无央数世界诸天人民，闻我名号，烧香散花燃灯悬缯，饭食沙门起立塔寺，斋戒清净益作诸善。一心系念于我，虽止于一昼夜不绝，亦必生我刹。不得是愿终不作佛。"

第三十三愿：具修诸行愿

画面中央一位宰官，形象威仪，骑着白马，顶上一缕清烟化现阿弥陀佛。宰官身旁有五位随从，画面左侧僧俗各一人，右侧行人二位，遇见宰官欢喜举袖，宰官为其开示菩萨行与弥陀法门。

《佛说大阿弥陀经》："第三十三愿，我作佛时，凡生我刹者，一生遂补佛处，惟除本愿欲往他方，设化众生修菩萨行，供养诸佛，即自在往生；我以威神之力，令彼教化一切众生皆发信心，修菩提行、普贤行、寂灭行、净梵行、最胜行，及一切善行。不得是愿终不作佛。"

诸龙庙

诸龙庙，位于诸龙山上，因当地信奉诸龙神而建，庙内现存正殿、观音大士殿、修行养性殿及戏台和钟、鼓二楼，多为清代修建。正殿东西侧壁上绘有壁画两幅，分别为《出巡布雨图》和《雨后回宫图》，此类神祠功能是祈雨求霖。

出巡布雨图（上部）

清代

阳泉市盂县·诸龙庙正殿

1. 画面为龙王布雨的场景，左侧为龙王，头戴“貂蝉冠”，赤面黑髯，身着云纹红锦曲领公服，座下为白角青龙。龙王手持金碗，仅单手便可盈握，上有凸起双喜阳线雕，内盛湖海之水，波涛汹涌，翻滚激荡。这种布雨的法器取自现实物品，有“碗内乾坤大”之意。中间人物面目白净，身穿圆领紫色袍服，头戴翘脚幞头，应是在此坐化的仙人诸希默。右侧是随从，头戴黑色卷边圆帽，身穿白底斑点袍，手持红色盖碗，也是盛雨之器皿。

2. 画面为仪仗鼓乐，位于龙王布雨团队的前方。画面中的四位仪仗队成员头戴红缨小帽，着各色滚边圆领袍，衣饰华丽，身骑骏马，吹号打鼓，为龙王开道。

3. 画面的主角骑一匹红色骏马，头发、须、眉均为红色，头戴金翅小帽，身着绿袍，手持展开的卷轴，书写着“和风甘雨”四个大字。此为龙宫里的判官，通过诵念卷轴上的经文协助龙王布雨。

調雨順
和風甘雨

此图位于诸龙庙正殿东壁的下部，描绘的是人间情境。在茫茫大雨中，各色人等匆匆赶路，画面变化丰富，生动逼真。

出巡布雨图（下部）

清代

阳泉市盂县·诸龙庙正殿

1. 在画面上方横空腾跃着一条巨龙，巨大的龙爪抓起一名散发之人飞入云中，左下方，两名农夫趔趄仰天摔倒，这种骇人的场景无论何人看到都会惊恐万分。在山西民间，自古就有下雨打雷“龙抓人”的传说，此图有一定的因果报应和天理循环的宗教表达意图，有规劝人心向善的教化功能。

2. 在画面的中部靠左，有两人在风雨交加之中狼狈不堪。一人草帽被风吹到了半空，他正欲捕捉，不料狂风大作，几乎将他掀翻。另外一人腰系围裙，应该是位厨子，情急之下竟然用砧板挡雨。这幅图以间接的手法描绘出当时风紧雨急的状况。

3. 在画面的中部靠右，两位大家闺秀在风雨交迫之下毫不慌张，骑驴持伞，悠闲而行，全然一副闲适听雨状。二女身后一名官家侍从紧随，虽然畏雨缩首，但也只能慢步跟紧。此图左侧女子身披云肩，显示出身份的尊贵。右边女子则是身着清代典型的滚边女服，衣长且袖宽，下穿裤管肥大的“撒裤”。值得一提的是，二人手中的雨伞十分别致，一红一青，伞柄朱漆髹涂，伞骨为竹木支撑，在狂风骤雨之中安然无恙，可见工艺质量上佳。

4. 画面右侧，有一眼盲弹唱艺人，由前人用木棍牵引前行，肩披褡裢，内有一乐器，从露在外面的弦轴来看应该是“三弦”。这种乐器起源于秦汉时期，唐代时一度被认为是胡乐，元代时期作为元曲的伴奏乐器逐渐盛行，由于其弹拨声音浑厚，演奏极为方便，逐渐被民间说唱艺人奉为主要的伴奏乐器。

1 2 3 4

五神庙

五神庙，始建年代不详，清同治八年（1869 年）重修，坐北朝南，为小五开间。主要建筑有大殿、圣母殿、龙王殿等，供奉了关帝、牛王、马王、圣母和龙王五神。在龙王殿的东西墙上各有一幅壁画，东墙壁画为《龙王迎旨图》，描绘的是龙王母及诸龙王迎接天庭旨意的场面；西墙壁画是《龙王出巡和回宫图》，描绘的是龙王出宫布雨和雨后回宫的场面。

古代神话传说中，龙王是统领水族的王，掌管兴云布雨。因此，大江南北，供奉龙王的庙宇较为常见。

此图中部，五位龙王身着华服，双手抱笏，仰望天庭，恭敬地等候旨意，众官和女官仪仗队紧随其后；画面右侧，身着华服的龙王母，立于水晶宫内，亦手持笏板作迎旨状；最上方绘有一组有彩色背光的儒、释、道三神和其他诸神，此处与一般龙王主题的壁画不同，乃画匠独创。

龙王迎旨图
清代
朔州市应县·五神庙龙王殿

此图中部，领旨后的龙王率行雨队伍手执法器，出宫布雨，阵势甚为壮观；画面右侧龙王母端坐于水晶宫长案前，目送行雨队伍离开。在图的上部，行雨队伍布雨完毕，在彩虹的映衬下，踏着蓝色祥云归来。

龙王出巡和回宫图

清代

朔州市应县·五神庙龙王殿

水神堂

水神堂，又名“水神庙”，始建于明代嘉靖时期，初时称为“丰水神祠”。寺内现存建筑大部分是清代修建，主要建筑有九江圣母殿、禅房、文昌阁、钟鼓楼、老君殿等。与圣母殿毗邻的有一座极小的建筑——百工社。相传过去每逢农历二月十五和五月初七，当地的工匠便会来此祭祀祖师鲁班。殿内北壁壁画已毁，目前，只有东西两壁完整保留了40幅《百工图》，内容涵盖多种手艺，记录下了当时不同行业的生产景象。

百工图
清代
大同市广灵县·水神堂百工社

1. 刻石图

院子里四个人正在雕刻石碑，石板纹路清晰可见，四人神态张弛有度，雕刻粗中有细。其中两人赤膊，呈半蹲状，身体前倾，高举铁锤，尤见其势大力沉。屋内有一人正在一边劳动，一边观看屋外这一场景。

2. 屠户图

酒馆的窗外正在进行着一场血腥“屠宰”。两名屠夫一人摁住猪头，一人扯着猪尾，屠夫口中叼刀正欲宰杀，受惊的黑猪正在奋力挣扎，声嘶力竭地嚎叫着。这一切吸引了酒馆内的一名孩童，孩童趴在窗框观瞧着这场“较量”。屠宰现场的上方是肉铺，店内横木之上用铁钩挂着分解好的肉，院内左侧一人正持鞭赶羊前往宰杀。

3. 酿醋图

屋内有两名赤膊的大汉，一人正在翻扫发酵的高粱，一人正俯身揉制大曲，看此图仿佛能闻到四溢的香味。正屋左侧有一名工人正在打醋，台面上整齐码放着六口醋缸。作为山西的传统工艺，制醋的几个关键环节有磨、蒸、酵、熏、淋、陈，这些大缸正是用来陈放老醋。淋得的新醋经过三伏一冬的夏日晒、冬捞冰的陈醋老熟工艺，方可浓缩成一缸风味浓郁的极品老醋的。山西更是拥有着广泛的醋业市场，老百姓将其视为调味必备品，夸张者“宁可食无肉,不可一日无醋”。

4. 榨油图

屋内是一架大型的榨油机，一名赤膊的大汉正在转动榨油转盘进行榨制，油坊的左侧一名头戴瓜皮帽的小厮正在打油。院内东侧房的工人正在用油篓装油，这种竹篓看起来比一般的酒篓更大，编制得更为密实。

5. 冶铁鼓风图

一名中年人手持铁夹正在夹取熔铁的坩埚，炉火在风匣的作用下喷射着火焰。右侧三名年轻的后生皆撤步下蹲，正在推拉用来鼓风的风匣。清代对煤炭的使用已经较为广泛，尤其是山西北部，这种三人同拉的风匣能够为燃煤提供强劲的风力。

6. 木工图

斫木、推刨、开榫卯、支柱、上梁，刹那间让我们置身于木屑横飞的建筑工地。这种砖木混合式结构住宅是北方民居最主要的房屋样式。粗壮的房梁和轻巧的檩条使得这些木构在没有建成时已经极具美感。

7. 书斋图

书斋外人来人往，热闹非凡。书斋内的售书人员全部身着官服，可见当时对书籍的控制是非常严格的，这种对知识的封锁与禁锢，正是古代中国在经历了漫长的文明之后走向衰落的内因之一。

8. 义当图

义当即当铺。店内货架上整齐地码放着各类当品，柜台前有三人正与掌柜讨价还价，门口还有身背当品低语商量之人。当铺门禁森严，外墙上有高大的栅栏保护。

9. 说书图

小酒馆匾额为“四景图”。店内说书之人手指比画，口若悬河，但观其下方不禁哑然，竟然坐在一架大的“河捞床”上。这种木制器具是用来压制一种山西面食的，名曰“河捞”。说书之人身兼二职，一边滔滔不绝地讲演，一边气定神闲地压面，令人赞叹，念其一绝。

10. 剃头刮脸修鞋图

三个工种被放在三间相隔的大屋内，这也表明，这三种职业在古代是一个体系的，有着相互协作的关系。

11. 水磨坊图

巨大的水磨被修造在一间水穿而过的屋内，滔滔的山泉奔腾着涌出磨坊，门口肩扛粮食的农夫络绎不绝，可见水磨的力量之大远非人力可比。

12. 打铁图

黄色的棚子下面年轻的学徒穿着黑衣、黑裤、黑布鞋，着一件白色围裙，正坐在椅子上撸起袖子卖力地拉风箱。火烧得很旺，一旁的老师傅叉着腰笑眯眯地看着。棚外两人一人坐于地上，一人站于木桩前，正在叮叮咿咿地打造着某种器物。

13. 磨豆腐图

展现了筛选黄豆、磨制豆浆、卤水点制和豆渣饲喂的过程。

14. 制衣图

由于山西广灵地处北部，气候寒冷，因此，皮草制作工艺在当地极为繁盛。画面中有皮草的涤荡清洗和捆扎晾晒等环节，尤其是在水中清洗皮毛的二人，手持一张豹皮，正在小河之中仔细认真地翻洗着其中的污垢，可见对工艺的苛求是制作极品皮草的必备条件。

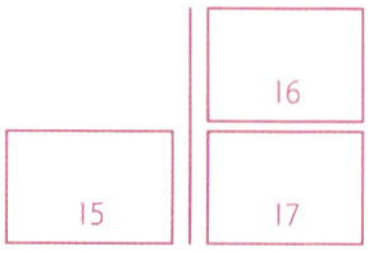

15. 泥塑图

画面中有四人，中间的师傅正在塑造一组道教祖师泥像，下方三名学徒正在和制泥巴，正是这种古法的塑像技艺使得山西的寺观泥塑能够保存千年。

16. 作画图

一位画师正在宣纸上绘制水墨山水，下方有三名童子手中持水盂、毛笔和茶壶侍立。

17. 泥瓦图

图中三位匠人正在做着三道不同的工序：和泥、制砖和制陶。制砖采用了模制法，砖模为一行四个。制陶的师傅采用了转盘轮制的手法进行拉坯制作，器皿为圆形直筒状。画面左上角有一孔圆形砖窑，为烧制砖瓦陶器所用。由于制砖技法严苛，需要耗费大量的时间，砖瓦的质量虽然得到了保证，但是产量较低。因此，建造砖瓦木构建筑的费用并非一般的百姓所能承受，只有家境殷实的人家才负担得起。

华严寺

华严寺，位于大同古城内，始建于辽代，后毁于战争，金代重建，以后历代予以修补。寺观规模宏大，古代历史文化遗存时代序列长。华严寺大雄宝殿现存壁画总面积约 875.2 平方米，在中国现存单体殿宇壁画中面积最大，其总面积在山西省内壁画遗存中排名第二，仅次于永乐宫。其中一部分壁画初绘于明代，清光绪年间进行了修补。题材也颇为丰富，有《五十三参图》《佛传故事图》《准提佛母图》《十六宝观图》《千手千眼观音》《禅宗法衣传嗣图》等。

千手千眼观音又称千眼千臂观世音，简称千手观音，是中国人最熟悉的菩萨形象之一。

此观音像高约 6.45 米，站立于海面上方由五彩祥云托起的莲台上。观音头的上方有化身佛。观音有三眼十八面，手分三层，中央第一层三双手施手印，中央二手合掌于胸前，代表领会一切法性。其余第二、三层各手皆持各样法器，表示施众生千般成就。如持法轮，表利益众生事业；持金莲，表无轮回之苦；持净瓶，表洗除烦恼；持弓箭，表方便及智慧双运。

千手千眼观音
清代
大同市平城区·上华严寺大雄宝殿

禅宗法衣传嗣图（局部）
清代
大同市平城区·上华严寺大雄宝殿

“内传法印，以契证心；外付袈裟，以定宗旨。”禅宗的正宗传替除佛法心传之外，还以金襴袈裟为法衣，师承嗣续，此壁画即为《禅宗法衣传嗣图》。传衣嗣承始自初祖达摩，终至六祖惠能。

此图可分上下四层，每层五组，都以居中的禅师为主，身边或身下弟子、比丘皆作虔诚站立状，有的正与禅师交谈，有的双手合十、静静聆听，有的端着器皿侍奉老师。清凉胜境之中，祥云升腾环绕，师徒和谐友爱，此图为一幅上佳的佛教传道授业写实图。

准提佛母图
清代
大同市平城区·上华严寺大雄宝殿

“准提”乃梵语，意为清净之意。准提佛母又称准提观音、准提菩萨等，密号最胜金刚，是佛教中显、密二教所共尊的大菩萨。准提佛母之准提咒法，为唐密汉传独部密法中的四大法之一。

此图场面浩大，人物众多，准提佛母位于壁画中央，结跏趺坐于须弥座上，三面八臂，手中各执宝剑、法轮、钵、佛塔等法器，法器和身上所佩璎珞、首饰使用沥粉贴金工艺，更显富丽。周围还绘有菩萨、罗汉、明王等形象，人物的神情面貌极富变化。

十六宝观图（局部）

清代

大同市平城区·上华严寺大雄宝殿

“十六观”出自《观无量寿经》，指僧人面对宝树、佛像、水等物进行观想。唐代时，《十六观图》通常与《未生怨图》搭配，共同组成一组画面，构图多采用通景山水。华严寺《十六宝观图》将每一观用一个光圈表达出来，构图模式饶有趣味。

1. 此画面位于《十六宝观图》壁画的中心，海水莲池间，“西方三圣”阿弥陀佛、观音菩萨、大势至菩萨坐于青莲座上，四周云气缭绕，各色宝树掩映其中。

2. 此画面为《十六宝观图》的第十六观——下品三生观。画面中，“西方三圣”立于火焰之上，正在说法。临水台榭下有宝莲池，一名佛弟子和两名化生童子跪于莲花座上，在恭敬地合掌听法。

“佛传故事”为记述佛祖释迦牟尼生平行迹的故事。

此图用连环画的形式表现了释迦牟尼降兜率、托胎、降诞、出家、降魔、成道、转法轮、涅槃等情景。画面由上到下分为七层，共八十四幅画面，是较为完整的佛本行故事壁画。

佛传故事图（局部）

清代

大同市平城区·上华严寺大雄宝殿

五十三参图（局部）

清代

大同市平城区·上华严寺大雄宝殿

善财童子五十三参，是华严宗教义的具体体现。《华严经·入法界品》中，善财童子游历各地，请教、参访五十三位善知识，终证善果，故称五十三参。

此图描绘了善财童子拜谒诸佛、菩萨、法师的传说。云、树、流水间置宝塔、殿宇。

律吕神祠

律吕神祠，初建年代不详，据康熙年间地方志记载为北魏时。神祠得名“律吕”，源于当地尊奉的地方性水神律吕。神祠正殿内塑有律吕水神夫妇像，四壁绘有表现律吕神行云布雨的壁画，面积为七十多平方米。

《律吕水神出巡布雨图》表现水神受百姓嘱托到田野间行云布雨的场景。该画面由三个部分组成：第一部分是画面左侧水底宫殿里水神娘娘和随从送别水神；第二部分是画面中间到右侧的水神率众部将出巡布雨；第三部分是画面底部黎民百姓雨中生产劳作的情景（此部分多损毁，图片仅展示第一、二部分）。

律吕水神出巡布雨图
清代
大同市浑源县·律吕神祠正殿

水神率众出巡布雨，整个场景被布置在密布的雨云之上。

1. 水底宫殿和水神娘娘

画面左上方的鱼鳞波浪表明建筑位于水中，建筑正中的匾额上写有“水晶宫”三字。建筑前的月台上，站立着水神娘娘和她的三名侍女。水神娘娘身穿龙纹红袍，上披霞帔，面露喜悦之色，似乎为人间的风调雨顺感到高兴。娘娘的身旁还有一个身材魁梧的夜叉，他正背着一位童子。这童子是律吕水神的儿子，只见童子手拿一朵莲花，从莲花中释放出滚滚雨云，由此进入到右方行云布雨的画面。宫殿前的台阶下，土地神与武将在两位持华盖侍从的护持下，向水神作揖道别。

2. 律吕水神

布雨队伍的中心人物是身形高大的律吕水神，他正骑着一条青龙，一手端着茶碗，腮帮鼓鼓的，准备下一刻由口中吐出雨水。队伍的后面，有律吕水神的两名侍从，他们捧着精美的食盒，随时准备为水神服务。

3. 布雨队伍

布雨队伍人数众多，热闹非凡。水神下方有一名夜叉一手提木桶，另一手舀水以成雨，其后有两位龙神骑在马上，手拿茶碗，张嘴欲吐雨水。水神前方则有一头麒麟拉着一车雨水，一名夜叉用瓢舀水以行雨。队伍的最前方，由张牙舞爪的赤龙、带有火焰纹的天马和背负有太极八卦图的灵龟开道。其后骑白马、手持风口袋的为风伯，骑赤马、手持宝瓶的为雨师。其上是手持长杖的土地神，作奔跑状，为水神丈量下雨的面积。画面上方，雷公敲打环绕周身的众鼓，击鼓轰雷，将下雨的讯息传达到人间，紧随其后的是电母，击打着金钹放出闪电。此外，布雨的队伍里还有年值、月值、日值、时值“四值使者”，手持宝瓶并从瓶中释放出彩虹的童子。

马王爷

清代

大同市浑源县·律吕神祠正殿

马王爷本名马灵耀，又称马灵官、马天君，属于道教护法神将之一，司马之神。民间“马王爷，三只眼”的俗语家喻户晓。传说里马王爷样貌凶恶，上天入地，神通广大，是个廉洁正直的神明，所以民间多有供养。

画中马王爷端坐于绘有松树的屏风前，长有三对手臂，手上拿着弓箭、铜钹、宝剑等武器。马王爷的左右两边，分别端坐着白发老者和执剑武士，此外还有侍卫、侍童、随从等数人。

饮茶图

清代

大同市浑源县·律吕神祠正殿

在一间装饰精美雕花的屋宇中，六名身穿华贵服饰的仕女，或坐或立，有的端茶，有的捧桃，衣带飘逸。

关帝庙

关公与孔子并称“文武二圣”。由于忠义神勇，关公成为大众共同顶礼膜拜的对象。五台县国都殿关帝庙殿内的三国演义壁画绘于清光绪二十三年（1897 年），共有 59 平方米。内容主要围绕《三国演义》中关云长波澜壮阔的英雄事迹展开，此外，还有一些关帝的神话传说故事放诸其中。

关云长故事图
清代
忻州市五台县·国都殿关帝庙

1. 桃园结义

“桃园结义”是《三国演义》中最具情怀的一个场景，刘备、关羽、张飞在畅饮之后倾吐真言，为了共同干一番大事业，结为意气相投、言行相依的异姓兄弟。通常看到的结义画面是三人跪拜，举酒结义，豪情冲天，而此处则是通过三人观瞧屠夫杀备乌牛以祭告天地来展现，极具生活色彩。

2. 鞭打督邮

“鞭打督邮”的剧场式处理极为生动：张飞怒不可遏，挥动手中树枝抽打跪地被绑的督邮；刘备的极力劝阻显示了他正直好义却不敢僭越犯上的矛盾心理；而关羽在身后的挽袖握拳显示出他生性嫉恶。这些对细节的刻画，非常生动地表现了人物的不同性格，使观者深刻领悟到故事的内涵。

3. 许田射鹿

“许田射鹿”描绘了曹操利用汉帝的金镞箭射鹿，迎受群臣欢呼，意同僭越，关羽观其言行不端意欲杀之，被刘备阻拦。整幅画面并不完整，前半部分众人骑马奔驰逐鹿，后半部分则完全掩藏在画外，这种不完整恰恰突出了画面中的速度感。曹操张弓欲射，刘备伸手欲阻，奔鹿受惊突窜，一切都充满了脱弦般的速度感，画面的张力骤然提升。

三戰呂布

單刀赴會

三請諸葛

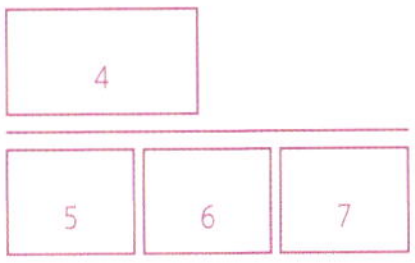

4. 三（英）战吕布

刘备、关羽、张飞三人排山倒海般地冲杀过来，极具压制性，即使是脚蹬赤兔、人中龙凤的吕布也只有招架之功，并无还手之力。显然，对于这种英雄气概的表现已经成为一种惯有模式，简单的、程式化的英雄主义深深地影响了中国文学艺术作品，也是绘画过度走向民俗，缺乏思辨的可悲之处。

5. 单刀赴会

“单刀赴会”采用了近大远小的透视方法，坐在船上赴宴东吴的关羽镇定自若，与岸上的鲁肃隔江相望。为了强化关羽的威严，将船绘制在波涛汹涌的大浪当中，即便如此，关羽仍然端坐，周仓持大刀侍立身后，正所谓处变不惊是也。

6. 三请诸葛

“三请诸葛”采用了对比鲜明的红、蓝两色来塑造人物。彼时正值初春，天气严寒，刘、关、张身披红色皮氅，恭敬地站在门外，刘备正和书童拱手作揖，关、张二人则低声交谈。诸葛先生身穿蓝褂、头戴蓝帽侧卧于房内，似乎在倾听门外的情况。

7. 活擒王忠

“活擒王忠”同样是战斗的场景，关羽单手活擒王忠并将其横担于马上，双方战斗力悬殊一目了然。画面动势明显，充满了不稳定的因素，此处采用了夸张的艺术手法。

8. 喝退门吏

舞刀大喝的关羽与丧魂落魄的门吏形成鲜明对比，此处使用戏剧性的表现手法突出了关羽的勇猛威武。

9. 小沛城义说张辽

关羽誓死守卫小沛城，准备与小沛城共存亡，张辽前来劝降。此图仍然采用了近大远小的透视原理，画面中近处的张辽正常大小，远处城上的关羽则绘制得较小，这种处理方法借鉴了西洋绘画，可见清代壁画在透视的应用方面已经打破桎梏。

10. 汉津当曹

“汉津当曹”的画面与北壁东侧的“三战吕布”完全相反，关羽以一敌三，曹军丢盔弃甲，慌不择路，关圣神勇可见一斑。

11. 华容当曹

在有“一夫当关，万夫莫开”之险的华容狭路上，曹军几经打击已无力再战，关羽念及旧日恩情，义释曹操。

12. 西川托梦

西川托梦带有一丝悲怆之情，死后的关羽思念刘备，托梦于西川向兄长辞行。画面中的刘备依榻而卧，嘴角上扬，显然是为再次见到二弟而欣喜；关羽则是面色凝重，依依不舍。兄弟情深，人鬼殊途，不免令人唏嘘。

13. 伏摩（魔）大帝

“伏摩（魔）大帝”代表关羽修成正果，再次拜谒兄长。二人天各一方，刘备身后的宫人神情悲怆，显示出对关羽的思念与不舍。从人到神的转变，不仅是历代皇帝的封授嘉许，更是民间对关公精神的无限敬仰。面对这样超越常人的坚忍与勇武，民间自然奉为神明，信仰关公也是人们对于完善自我的一种期许。

三大王庙

三大王庙为山西朔州地区一种独特的寺庙样式，据考此庙初建时名为桑干神庙，祭祀主神为在此建立起北魏王朝的拓跋氏。现存的三大王庙，集大王庙、龙王庙、马王庙三庙于一体。其样式具有典型的明以后神社庙宇的风格。

神祇图
清代
朔州市朔城区·三大王庙

1. 龙王像和龙母像

北方干旱的地缘特征逐渐演化出五龙信仰，黑、赤、青、黄、白五位龙神成为中国北方地区明清以来的主要祭祀对象，神龙布云降雨，由此遍及城乡。

图中众位龙神各头戴华冠，身穿黛、赤、靛、黄、白色长袍，袍上绘制卷草纹。他们有的手持笏板，有的单手捋须，神态各异。龙母（居中）头戴金凤冠，双手捧笏，神态端庄，似有微微笑意。

2
1
3

2. 文曲星君和太上老君

文曲星，星宿名之一，文曲雅性，主文运。文星君（左）头戴乌纱帽，穿祥云纹官服，系朱红金扣腰带，目视其右侧，身体随之倾斜。

太上老君（右）是公认的道教始祖，即道教中的太上道祖。老君坐姿端正，目视前方，身披靛色外袍，右手当胸结莲花印。

3. 赵公明

赵公明，本名朗，字公明，因道教神话中封“正一玄坛元帅”，故又名赵玄坛，是中国民间传说中主管财源的神明。赵公明并未戴冠而是盘发髻，怀抱葫芦，正与其左侧手捧经卷文书的龙仙人交谈。

此图中的轿辇并非供人乘坐的寻常轿辇，而是用于盛放宝物的双层殿庑祭祀台，这种祭祀“专用轿”在中国北方地区已经很难见到了。四只小鬼肌肉虬结，面目狰狞。祭祀台虽小却细节俱全，斗拱飞檐、瓦当雕栏皆是古风古韵。

抬轿图

清代

朔州市朔城区·三大王庙

马王爷

清代

朔州市朔城区·三大王庙

此图中，马王爷呈坐姿，内着铠甲，外披朱袍，头发上竖，红脸浓髯，三头六臂，手中持宝剑、铜镜等法器。双眉之间有一只倒竖的眼睛，令人生畏。

药王爷
清代
朔州市朔城区·三大王庙

药王是古代中国民间供奉的医药之神。民间常把精通医道、医德高尚的名医奉为药王，故不同时代、不同地区的药王，其原型亦有所不同。

此图中的药王爷头戴道冠，身穿绿袍，左手拈起一粒红色丹丸，右手持笏，长髯及胸。小厮头戴硬角幞头，上身着青色窄袖袍，肩上系红巾，双手端着一座黄牛雕塑。

山神爷

清代

朔州市朔城区·三大王庙

在中国，有关山神的传说源远流长，成书于两千多年前的《山海经》，就已记载了有关山神的种种传说。人们将山岳神化并加以崇拜，久而久之便演变成了每一地区的主要山峰皆有人格化了的山神居住。

此图中的山神爷头戴长冠，胡须至腹部，双手持笏，着蓝色道袍、绿色披肩。山神左侧侍从着绿袍，捧怪石盆景；右侧侍从穿靛袍，双手端假山盆景。

大云寺

大云寺，原名大云禅寺，始建于北魏时期，金元时期尤为鼎盛。大云寺主体建筑大雄宝殿，有鲜明的金代艺术风格。殿内的壁画以十大明王像为主。明王身形威猛，面容可怖。每位明王的上方，都有一个赭黄色的光圈，光圈内绘着明王本尊像，或为佛，或为菩萨。大云寺明王壁画，描金沥粉，丹碧交辉，线条劲健，民间气息浓厚，具有较高的艺术水准。

明王像
清代
大同市浑源县·大云寺大雄宝殿

1. 大威德明王

大威德明王，别号降阎魔尊，是文殊菩萨的化身，能断除一切魔障，摧伏一切毒龙。此壁画中的大威德明王，三头六臂，全身赤黑色，呈忿怒状，身骑水牛，背负火焰，手持摩尼宝珠、弓、箭、刀等法器。

2. 不动尊明王

据说明王本为佛相，为使迷妄众生回归佛法正途，常以狰狞面容面世，此明王揭开可怖面皮，露出菩萨真容，警醒世人应弃恶从善，充满佛法哲思。与永安寺不动尊明王相比，此明王造型与线条相对柔和，压迫感稍小。

✣觉山寺

觉山寺创建于北魏，乃孝文帝敕建。寺内存辽代所造八角十三层密檐塔，塔内有密宗金刚壁画，是觉山寺最为珍贵的丹青遗存。但除了辽代壁画，寺内大雄宝殿、弥勒殿内还有较大规模的清代晚期壁画留存，品质较高，保存完好，主要内容为八洞神仙和弥勒经变故事，少为人知。

八洞是道家谓神仙所居之洞天，分上八洞、中八洞，下八洞。上八洞为天仙，中八洞为神仙，下八洞为地仙，总谓之“八洞神仙”。关于八洞神仙究竟包含哪些神仙、如何排序，自古众说纷纭，学者们也难以给出确凿的名录。不过，受《东游记》等通俗演义影响，在清代民间的一般认知里，八仙指“过海”之八仙，即铁拐李、汉钟离、吕洞宾、张果老、蓝采和、何仙姑、韩湘子、曹国舅。

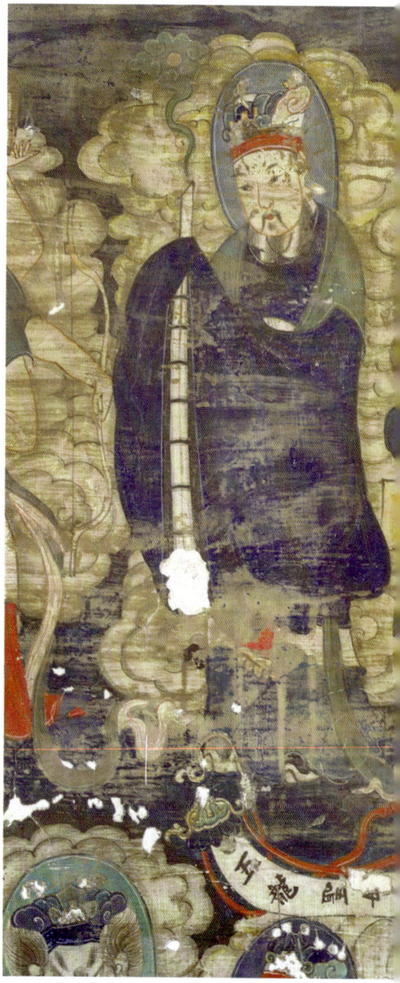

八洞神仙图（局部）

清代

大同市灵丘县·觉山寺大雄宝殿

觉山寺大雄宝殿保存的《八洞神仙图》线条自然，服饰搭配得体，体态丰满匀称，色彩清新艳丽。壁画中大部分神仙的面容都很相似：轮廓清晰、细眉目长、鼻准方直、两耳垂肩、朱毫点唇，给人一种端庄肃穆和慈祥之感。

宋代以后，佛教发展出现新趋势。一是儒释道三教已成合一态势，二是宗教世俗化和平民化加速发展。尤其是到了明清时期，三教合流完成，宗教信仰完全渗透到社会生活当中。照例说来，孔子祀于学，佛氏祀于寺，老氏祀于观， 原本俱有定制，各不相混。可是自明代起，却出现了将孔子、佛陀、老子并祀的现象。宗教题材壁画中的僧俗、儒释道界限逐渐混淆，其内容也越来越接近普通民众的现实生活。

觉山寺东院北殿为弥勒殿，殿内塑有中国式的布袋和尚，殿内的壁画除弥勒度化、度化归佛、胎卵湿化之外，还有五龙吸水、元始赐金、协母避虎、母进归西等内容。民间世俗信仰中儒释道相容并存的状况在北殿的彩塑壁画间尽显。

弥勒本愿经故事图

清代

大同市灵丘县·觉山寺弥勒殿

图书在版编目（CIP）数据

寺观壁画. 清 / 杨平主编. —— 武汉：湖北美术出版社，2024.3
（图说中国物质文化遗产. 中国最美. 第四辑）
ISBN 978-7-5712-2102-7

Ⅰ. ①寺… Ⅱ. ①杨… Ⅲ. ①寺庙壁画－中国－清代－图集
Ⅳ. ①K879.412

中国国家版本馆CIP数据核字(2023)第220245号

寺观壁画. 清
SIGUAN BIHUA.QING

主　编：杨　平
编委会：王岩松　刘晓波　谢　薇
摄　影：欧阳君　张晓磊　梅　佳

策　　划：袁　飞
责任编辑：吴　思
技术编辑：吴海峰
责任校对：杨晓丹
书籍设计：乐少辉

出版发行：长江出版传媒　湖北美术出版社
地　　址：武汉市洪山区雄楚大街268号
　　　　　湖北出版文化城B座
电　　话：(027)87679525　87679526
邮政编码：430070
印　　刷：武汉精一佳印刷有限公司
开　　本：710mm × 1000mm　1/16
印　　张：5.75
版　　次：2024年3月第1版
印　　次：2024年3月第1次印刷
定　　价：68.00元